CONTENTS

Глава 1 1
   Евгений Водолазкин. Авиатор. *(отрывок)* 1
   СЛОВАРИК 2

Глава 2 9
   Всеволод Михайлович Гаршин. Очень коротенький роман. 9
   СЛОВАРИК 10
      Очень коротенький роман 12

Глава 3 20
   Виктор Пелевин. Transhumanism Inc. *(отрывок)* 21
   СЛОВАРИК 22

Глава 4 31
   Борис Акунин. Турецкий гамбит. *(отрывок)* 31
   СЛОВАРИК 32

Глава 5 42
   Ася Глейзер. «Отпусти меня к морю». Детство *(отрывок)* 42
   СЛОВАРИК 43

Глава 6 48
   Дарья Донцова. Темные предки светлой детки. *(отрывок)* 48
   СЛОВАРИК 49

Глава 7 58
   Виктор Астафьев. Васюткино озеро. *(отрывок)* 58
   СЛОВАРИК 59

Аудио материалы к учебному пособию 70

ADVANCED RUSSIAN READING AND COMPREHENSION: SHORT STORIES PART 2

Глава 1.

Евгений Водолазкин. Авиатор. *(отрывок)*

Источник: https://www.litres.ru/book/evgeniy-vodolazkin/aviator-18910175/?book_pair=18910175_18540245

СЛОВАРИК

- хронологическое открытие - chronological discovery
- таблетки - pills
- поднос - tray
- тумбочка - bedside table
- опечатка - typo
- просроченное лекарство - expired medicine
- сознание - consciousness
- глубоко посаженные глаза - deep-set eyes
- морщины - wrinkles
- ровесник - peer
- упаковка - package
- голодание - starvation
- желудок - stomach
- в общих чертах - in outline
- хаос - chaos
- диктатура - dictatorship
- злоупотреблять - abuse
- пульт - remote controller
- неизмеримо - immeasurably
- дефолт - default
- обесцениться - depreciate
- воровство - theft
- беззаветно - selflessly
- по сути - in fact
- раскованность - looseness
- хромота - lameness
- кстати - by the way
- вполне - quite

ВТОРНИК

Сегодня я сделал хронологическое открытие – датировал мое настоящее. Датировал и – сам себе не верю.

Обычно Валентина приносит мне таблетки на подносе, а сегодня доставала их из коробки. Коробку забыла на моей тумбочке. Рассматривая необычную упаковку, прочитал: "Дата изготовления: 14.12.1997". Подумал было, что опечатка, но увидел ниже: "Годен до 14.12.1999". Неплохо.

Получалось, что сейчас либо девяносто восьмой, либо девяносто девятый годы – если, конечно, не используются просроченные лекарства. В какую такую аварию мог я попасть, чтобы оказаться в противоположном конце века? Что это – игра моего поврежденного сознания? Я был уверен, что у этих цифр есть какое-нибудь простое и разумное объяснение.

С трудом встал с койки и подошел к зеркалу у двери. Глубоко посаженные глаза, под ними круги. Глаза серы, круги сини. Складки от носа к уголкам губ – складки, не морщины.

Считается, что это следы улыбок – в прежней жизни я, нужно думать, много улыбался. Темно-рус, ни одного седого волоса. Бледен. Бледен, но ведь не стар! В 1999 году у ровесника века должен быть совсем другой вид.

Вошел Гейгер.

– Доктор, сейчас девяносто девятый год? Или девяносто восьмой?

– Девяносто девятый, – отвечает. – 9 февраля.

Он совершенно спокоен. Короткий взгляд на лекарство:

– На упаковке прочитали? Я предложил Валентине оставить упаковку, такие подсказки приемлемы.

– Может быть, вы мне подскажете и всё остальное? Как я вообще сюда попал и что со мною было?

Улыбается:

– Подскажу обязательно, но говорить – не буду. Я ведь вам всё объяснял. Ваше сознание напоминает желудок после голодания, перегрузить его – значит убить. Как видите, я с вами откровенен в той степени, в какой это только возможно.

– Тогда скажите мне, что сейчас в России. Хотя бы в общих чертах.

Гейгер на минуту задумался.

– Диктатура сменилась хаосом. Воруют, как никогда прежде. У власти человек, злоупотребляющий алкоголем. Это – в общих чертах.

Да… Вот оно как, авиатор Платонов.

ВОСКРЕСЕНЬЕ

Сегодня в моей палате установили телевизор. Гейгер долго мне объяснял, как он устроен и как с ним обращаться. Я научился довольно быстро. Глядя, как я уверенно нажимаю на пульт, Гейгер, по-моему, был слегка разочарован. Он рассчитывал, что удивление мое будет велико. Да оно, собственно, и велико. Но синематограф удивлял меня в свое время сильнее – не говоря уже о том, что экран там неизмеримо больше. Хотя и без звука.

– Слово громоздкое, – сказал я Гейгеру о телевизоре.

– Говорите телик, – ответил он.

Есть в этом что-то телячье, я еще подумаю, стóит ли мне так говорить. Мы с Гейгером смотрели рассказ о новостях. Я почти ничего не понял – во многом потому, что думал об издаваемых телевизором звуках – словах, музыке, вое сирены. Да, со звуком – это совсем другое дело…

– Что такое дефолт? – спрашиваю.

– Прошлым летом деньги обесценились.

– И что же теперь делать?

– Меньше воровать, наверное. Только в России это невозможно.

Уже второй раз слышу от него про воровство. Но ведь всегда воровали – в тысяча девять сот девяносто девятом, в тысяча восемьсот девяносто девятом, и во все прочие годы тоже. Почему же это его так задевает – потому что немец? Немцы, я думаю, в таких размерах этим не занимаются, им удивительно, что можно так беззаветно воровать. Нам тоже удивительно, но – воруем.

На экране телевизора домá. Нет в них прежней монументальности, легкие они какие-то, даже удивительно, как стоят. Стекла много, металла. Иногда архитектурной мысли не понять – нечто застекленное. Чувствую взгляд Гейгера.

– Нравится? – это он про дома.

– Я привык, что дома из кирпичей, – отвечаю. – К покатой крыше привык.

– Так ведь это Москву показывают, а в Питере – всё как вы любите. Когда начнете выходить на улицу – сами увидите.

Когда я начну выходить? – захотелось спросить.

Не спросил. Сделал вид, что увлечен телевизором.

Машины ездят забавные. Совсем не похожи на те, что были в мое время… Только теперь ведь и это время – мое, и Гейгер хочет, чтобы я в нем обживался. Следит за моей реакцией.

– Что вы чувствуете, – спрашивает, – оказавшись в новой, по сути, стране?

– Чувствую, что у нее новые сложности.

Улыбаюсь. Гейгер тоже улыбается – с долей удивления: ожидал чего-то другого.

– У всякого времени свои сложности. Их надо преодолевать.

– Или избегать.

Смотрит на меня внимательно. Произносит вполголоса:

– Вам-то не удалось…

Не удалось. Гейгер, по-моему, общественный человек. А я нет. Страна – не моя мера, и даже народ – не моя. Хотел сказать: человек – вот мера, но это звучит как фраза. Хотя…

Разве фразы не бывают истинными – особенно если они результат жизненного опыта? Бывают, конечно. Запишу, пусть Гейгер читает.

Ему, между прочим, кажется, что пишу я не совсем обычно. Что он имеет в виду, толком не поясняет. Так, легкий, говорит, несовременный акцент, но если не знать моей истории, то вроде как и незаметно. Ну и славно. А я, напротив, слышу, что они с Валентиной говорят не так, как говорили прежде мы. Появилась большая раскованность, а еще, может быть, хромота в интонации. Вполне, кстати, прелестная. Пытаюсь всё это перенять – у меня хорошее ухо.

Источник: Евгений Водолазкин. (2015). «Издательство АСТ». Ознакомительный фрагмент.

ЗАДАНИЕ 1. Соедините фразы с их значением.

1.	опечатка	a.	складки (например, на лице)
2.	хаос	b.	ошибка
3.	диктатура	c.	свобода, уверенность
4.	морщины	d.	беспорядок

| 5. | раскованность | e. | авторитаризм |

ЗАДАНИЕ 2. Ответьте на вопросы.

1) Почему рассказчик решил, что сейчас 1999 год?

a. Он увидел дату на упаковке лекарств.

b. Ему сказал об этом доктор Гейгер.

c. Он вспомнил события 1999 года.

2) Какое слово показалось рассказчику громоздким?

a. дефолт

b. телевизор

c. сирена

3) Как доктор Гейгер объяснил рассказчику ситуацию в России?

a. Диктатура сменилась демократией.

b. Диктатура сменилась хаосом.

c. Диктатура осталась неизменной.

4) Что больше всего удивило рассказчика в телевизоре?

a. Цветное изображение.

b. Звуки, которые он издает.

c. Размер экрана.

5) Какую фразу доктор Гейгер сказал о сложности времени?

a. У всякого времени свои сложности. Их надо преодолевать.

b. У всякого времени свои сложности. Их надо избегать.

c. У всякого времени свои сложности. Их надо игнорировать.

6) Почему доктор Гейгер предложил Валентине оставить упаковку лекарства?

a. Он хотел, чтобы пациент понял, что он сильно болен.

b. Чтобы пациент мог прочитать информацию на упаковке.

c. Потому что упаковка была очень красивая.

7) Что смутило рассказчика в архитектуре современных домов?

a. Они были слишком монументальными.

b. Они казались легкими с большим количеством стекла и металла.

c. Они были построены из кирпичей с покатой крышей.

ЗАДАНИЕ 3. Вставьте слова и предлоги по смыслу.

a. В какую такую ………………. мог я попасть, чтобы оказаться ………. противоположном конце века?

b. Ваше сознание напоминает желудок после ………………, перегрузить его – значит убить.

c. Глядя, как я уверенно нажимаю ………. пульт, Гейгер, по-моему, был слегка разочарован.

d. Разве фразы не бывают ………………. – особенно если они результат жизненного ……….?

Глава 2.
Всеволод Михайлович Гаршин. Очень коротенький роман.

Илья Репин «Не ждали»

СЛОВАРИК

- стужа - freezing weather
- дворник - street cleaner
- городовой - policeman
- бродить - to roam
- четырёхрожковый - four-horn
- пламя - flame
- плясать - dance
- роскошный - luxurious
- мрачный - gloomy
- вихрь - vortex
- куранты - chimes
- заунывный колокол - mournful bell
- деревяшка - piece of wood
- обледенелый - icy
- гранитный - granite
- плита - plate
- тесное помещение - cramped room
- набережная - embankment
- ночи напролёт - all night long
- душный - stuffy
- заря - dawn
- плескать - splash

- опираться - lean on
- дырявый, нештопаный чулок - holey, undarned stocking
- штопанье - darning
- скверный - bad
- наглец - insolent
- трепетать - tremble
- махать - wave
- опалённые крылья - singed wings
- самоотверженно - selflessly
- родимое пятно - birthmark
- обрубок - stump
- рыцарь - knight
- коварная изменница - treacherous traitor
- проницательный - insightful
- с замиранием сердца - with a sinking heart
- шалопай - idler
- шафер - best man

Очень коротенький роман

Стужа, холод... Январь на дворе и дает себя знать всякому бедному люду, дворникам, городовым - всем, кто не может спрятать нос в теплое место. Он дает себя знать, конечно, и мне. Не потому, чтобы я не нашел себе теплого угла, а по моей собственной фантазии.

В самом деле, зачем я брожу по пустой набережной? Четырехрожковые фонари ярко горят, хотя ветер врывается в фонарь и заставляет газовое пламя плясать. От их яркого света темная масса роскошного палаццо, а особенно его окна, кажутся еще мрачнее. В огромных зеркальных стеклах отражается метель, мрак. Воет, стонет ветер над ледяной пустыней Невы. "Динг-данг! Динг-данг!" - раздается сквозь вихрь. Это куранты крепостного собора звонят, и каждый удар заунывного колокола совпадает со стуком моей деревяшки об обледенелые гранитные плиты и с ударами моего больного сердца о стенки его тесного помещения.

Я должен представиться читателю. Я молодой человек на деревянной ноге. Быть может, вы скажете, что я подражаю Диккенсу; помните: Сайлас Бег, литературный человек с деревянной ногой (в романе "Our common friend" ["Наш общий друг" (англ.)])? Нет, я не подражаю: я действительно молодой человек на деревянной ноге. Только я сделался им так недавно...

"Динг-данг! Динг-данг!" Куранты бьют сначала свое заунывное "Господи помилуй", а потом час. Еще только час! Еще семь часов до света! Тогда эта черная, полная мокрого снега ночь уйдет и даст место серому дню. Пойду ли я домой? Не знаю; мне решительно все равно. Мне не нужно сна.

Весною я тоже любил прохаживать целые ночи напролет на этой набережной. Ах, какие это были ночи! Что лучше их? Это не душная ночь юга, с его странным черным небом и большими звездами, преследующими нас своими взглядами. Здесь все светло и нарядно. Разноцветное небо холодно и красиво; известная по месяцеслову "заря во всю ночь" золотит север и восток; воздух свеж и резок; Нева катится, гордая и светлая, и спокойно плещет маленькими волнами о камни набережной. И на этой набережной стою я. И на мою руку опирается девушка. И эта девушка...

Ах, милостивые государыни и господа! Зачем я начал рассказывать вам о своих ранах? Но уж таково глупое, бедное человеческое сердце. Когда оно ранено, оно мечется навстречу каждому встречному и ищет облегчения. И не находит его. Это совершенно понятно, кому нужен дырявый, нештопаный чулок? Всякий старается отбросить его носком подальше от своей ноги...

Мое сердце еще не нуждалось в штопанье, когда весною этого года я познакомился с Машею, наверно самою лучшею из всех Маш в мире. Познакомился я с нею на этой самой набережной, которая вовсе не была так холодна, как теперь. И у меня была настоящая нога вместо этой скверной деревяшки, настоящая стройная нога, такая же, как и моя оставшаяся левая. Я вообще был довольно строен и, уж конечно, не походил, как теперь, на какого-то раскоряку. Дурное слово, но теперь мне не до слова... Итак, я познакомился с нею. Случилось это очень просто; я шел. Она шла (я вовсе не волокита, то есть не был волокитою, потому что я теперь с деревяшкою)... Не знаю, что-то меня толкнуло, и я заговорил. Прежде всего, конечно, о том, что я вовсе не из тех наглецов и т. д.; потом о том, какие у меня чистые намерения, и пр. и пр. Моя добродушная физиономия (на которой теперь толстая складка повыше переносья, очень мрачная складка) успокоила девушку. Я проводил ее до Галерной улицы и до самого дома, где она жила. Она возвращалась от своей старой бабушки, живший у Летнего сада, к которой она каждый вечер ходила читать романы. Бедная бабушка была слепа!

Теперь бабушка умерла. В этом году умерло так много и не старых бабушек. Мог умереть и я, и даже очень мог, уверяю вас. Но я выдержал. Господа, сколько горя может выдержать человек? Вы не знаете? И я тоже не знаю.

Очень хорошо. Маша приказала мне быть героем, и потому мне нужно было ехать в армию.

Времена крестовых походов прошли; рыцари исчезли. Но если любимая девушка скажет вам: "это кольцо я!" и бросит его в огонь пожара, ну, хоть самого большого пожара, положим Фейгинской мельницы (как это было давно!), - разве вы не броситесь, чтобы его достать? - "Ах, какой он странный, конечно нет, - отвечаете вы: - конечно нет! Я отправлюсь к Буду и куплю ей новое в десять раз дороже". И она скажет, что она теперь уже не то, а это, дорогое кольцо? Никогда не поверю. Впрочем, я не вашего закона, читатель. Быть может, та женщина, которая вам нравится, и сделает так. Вы ведь, наверное, владелец многих сотен акций и, может быть, даже член "Грегер и Ко". Вы даже в Бухарест выписываете "Стрекозу" для развлечения. Помните, быть может, в детстве вам случалось наблюдать бабочку, налетевшую на огонь? Вы тогда тоже развлекались. Бабочка трепетала, лежа на спине и маха коротенькими опаленными крыльями. Вы находили это интересным; потом бабочка надоедала вам, и вы давили ее пальцем. Бедное созданьице перестало страдать. Ах, благосклонный читатель! Если бы вы могли придавить пальцем и меня, чтобы и я перестал страдать! Она была странная девушка. Когда объявили войну, она несколько дней ходила мрачная, молчаливая, я ничем не мог развлечь ее.

- Послушайте, - сказала она мне однажды: - вы честный человек?

- Могу допустить это, - отвечал я.

- Честные люди делом подтверждают свои слова. Вы были за войну: вы должны драться.

Она хмурила брови и крепко жала мою руку своею маленькой ручкой.

Я смотрел на Машу и серьезно сказал ей:

- Да!

- Когда вы вернетесь, я буду вашей женой, - говорила она мне на дебаркадере. - Вернитесь!

Слезы душили меня, я чуть не разрыдался. Но я был тверд и нашел силы ответить Маше:

- Помните, Маша, честные люди...

- Делом подтверждают свои слова, - докончила она фразу.

Я прижал ее последний раз к сердцу и бросился в вагон.

Я пошел драться из-за Маши, но я честно исполнил свой долг и относительно родины. Я бодро шел по Румынии под дождем и пылью, в жар и холод. Я самоотверженно грыз сухари "компании". Когда случилась первая встреча с турками, я не струсил: за это мне дали крест и произвели в унтер-офицеры. Когда случилась вторая встреча - что-то хлопнуло, и я хлопнулся о землю. Стон, туман... Доктор в белом переднике, с окровавленными руками... Сестры милосердия... Моя отрезанная нога с родимым пятном ниже колена... Все это как сон пролетело мимо меня. Санитарный поезд с комфортабельнейшими постелями и наиизящнейшею уполномоченною дамою летит и несет в Петербург.

Когда покидаешь город, как следует, двуногий, а возвращаешься в него с одной ногой и обрубком вместо другой - это чего-нибудь стоит, поверьте мне.

Меня положили в госпиталь; это было в июле. Я просил отыскать в адресном столе адрес Марьи Ивановны Г., и добродушный сторож-солдат принес мне его. Все там же, на Галерной!.. Я пишу письмо, другое, третье - и не получаю ответа.

Мой добрый читатель, я рассказал вам уже все. Вы мне, конечно, не поверили. И история невероятная: какой-то рыцарь и какая-то коварная изменница. "Точь-в-точь старый роман!" - Мой проницательный читатель, вы напрасно не верили мне. Есть такие рыцари и кроме меня...

Наконец мне приделали деревяшку, и я мог сам узнать, что было причиною молчания Маши. Я доехал до Галерной на извозчике, потом заковылял по длинной лестнице. Как я взлетал на нее восемь месяцев тому назад! Наконец вот и дверь. Я звоню с замиранием сердца:.. За дверью слышны шаги; старая горничная Авдотья отворяет мне, и я, не слушая ее радостных возгласов, бегу (если можно бежать на разнокалиберных ногах) в гостиную, Маша!

Она не одна: она сидит с своим дальним родственником, очень хорошим молодым человеком, который при мне кончал курс в университете и рассчитывал получить очень хорошее место. Оба они очень нежно (вероятно, по случаю деревяшки) поздоровались со мною, но оба были сконфужены. Через четверть часа я все понял.

Я не хотел становиться поперек их счастья. Проницательный читатель ехидно улыбается: неужели вы хотите, чтобы я верил всем этим россказням? Кто же уступит любимую девушку какому-нибудь шалопаю даром?

Во-первых, он вовсе не шалопай, а во-вторых... Я бы, пожалуй, сказал вам, что во-вторых... но вы не поймете... Вы не поймете, потому что не верите, что в наше время есть добро и правда. Вы бы предпочли несчастье трех людей несчастью вас одного. Вы не верите мне, проницательный читатель. И не верьте; бог с вами!

Третьего дня была свадьба; я был шафером. Я гордо исполнял свои обязанности при церемонии, во время которой драгоценнейшее для меня существо отдавало себя другому. Маша иногда робко взглядывала на меня. И ее муж обращался со мною так смущенно-внимательно. На свадьбе было весело. Пили шампанское. Немцы-родственники кричали "hoch!" [Ура! (нем.)] и называли меня "der russische Held" [Русский герой (нем.)]. Маша и ее муж были лютеране.

"Ага, ага, - вопит проницательный читатель, - вот вы и попались, господин герой! Для чего вам понадобилось лютеранское исповедание? А для того, что в декабре православных не венчают! Вот и все-с. И все ваши россказни чистая выдумка".

Думайте, что хотите, проницательный читатель. Мне это решительно все равно. Но если бы вы походили со мною этими декабрьскими ночами по Дворцовой набережной, послушали бы со мною бури и куранты, стук моей деревяшки; если бы вы прочувствовали, что у меня делается на душе в эти зимние ночи, вы бы поверили... "Динг-данг! Динг-данг!" Куранты бьют четыре часа. Пора идти домой, броситься на одинокую холодную постель и уснуть. До свидания, читатель!

1878 г.

ЗАДАНИЕ 1. Соедините фразы с их значением.

1.	ночи напролёт	a.	почти заплакать, едва сдерживать слёзы
2.	с замиранием сердца	b.	всю ночь, до самого утра
3.	чуть не разрыдался	c.	наморщить лоб, нахмуриться, выражать недовольство
4.	объявить войну	d.	с сильным волнением, тревогой или предвкушением
5.	хмурить брови	e.	начать сражение, конфликт

ЗАДАНИЕ 2. Ответьте на вопросы.

1) **Почему рассказчик гуляет по пустой набережной в январе?**

a. Потому что ему нравится холодная погода.

b. Из-за его собственной фантазии и беспокойства

c. Чтобы найти теплое место.

2) **Какой звук рассказчик постоянно слышит во время своей прогулки?**

a. Звон церковных колоколов

b. Лай собак.

c. Разговоры людей

3) **Как рассказчик описывает свои прошлые ночные прогулки по набережной весной?**

a. Они были душными и неуютными.

b. Они были светлыми и красивыми.

c. Они были такими же холодными, как и зимой.

4) **Что узнал рассказчик, вернувшись с войны и найдя Машу?**

a. Она уехала в другой город.

b. Она вышла замуж за другого человека.

c. Она ждала его возвращения.

ЗАДАНИЕ 3. Соедините слова и фразы с их значением.

1.	дворник	a.	рассвет
2.	бродить	b.	пятно на коже
3.	мрачный	c.	невесёлый, угрюмый
4.	тесное помещение	d.	взволновано
5.	заря	e.	бесцельно ходить, гулять
6.	скверный	f.	неверная девушка
7.	пламя	g.	огонь
8.	родимое пятно	h.	уборщик (на улице)
9.	изменница	i.	обожжённые крылья
10.	с замиранием сердца	j.	маленькая комната, в которой мало места
11.	опалённые крылья	k.	ураган, сильный порыв ветра
12.	вихрь	l.	нехороший

ЗАДАНИЕ 4. Вставьте слова и предлоги по смыслу.

a. Стужа, холод... Январь ………. дворе.

b. В самом деле, зачем я брожу ………. пустой набережной?

c. Весною я тоже любил прохаживать целые ночи ………. на этой набережной.

d. И ………. мою руку опирается девушка.

e. Итак, я познакомился ………. нею.

f. Она возвращалась ………. своей старой бабушки, жившей у Летнего сада, к которой она каждый вечер ходила читать романы.

g. Маша приказала мне быть ………., и потому мне нужно было ехать в армию.

h. Когда случилась первая встреча с турками, я не ……….: за это мне дали крест и произвели в унтер-офицеры.

i. Наконец вот и дверь. Я звоню с ………. сердца.

j. Маша иногда робко взглядывала ………. меня.

Глава 3.

Виктор Пелевин. Transhumanism Inc. *(отрывок)*

Источник: https://www.litres.ru/book/viktor-pelevin/transhumanism-inc-transgumanizm-inc-65961689/

СЛОВАРИК

- стесняться - to be shy
- придумать повод для - come up with a reason for
- нелепо - ridiculous
- тоска - yearning
- быть сущей мелочью - be a mere trifle
- приторможенное и вялое состояние - sluggish and lethargic state
- имплант - implant
- смириться - come to terms with
- избавиться от проблем - get rid of problems
- конвейер - conveyor
- кирпич - brick
- махать руками от страха - wave your arms in fear
- краш (*сленг*) - crush
- сходство - similarity
- убедительный повод - compelling reason
- незабудка - forget-me-not
- фантик - candy wrapper
- баночный мозг - jar brain
- искушенный клиент - sophisticated client
- спазматическая искра страсти - spasmodic spark of passion
- хрупкий - fragile

- недолговечный - short-lived

- таер – от англ. tier

* В романе Виктора Пелевина "Transhumanism Inc." «*крэпер*» — это певец или человек, который манипулирует цифровыми и информационными потоками, создавая и распространяю фальшивые новости, провокации и другие формы дезинформации. Крэйперы играют ключевую роль в управлении общественным мнением и влияют на восприятие реальности, используя современные технологии и медиа.

Роман рассматривает вопросы манипуляции информацией и сознанием в эпоху высоких технологий, поднимает проблемы этики и морали в цифровом мире, а также исследует влияние технологий на человеческую природу и общество в целом.

** Термин «*проловские тряпки*» в романе скорее всего относится к модной одежде и аксессуарам, предназначенным для "пролов" — рабочего класса. Эти предметы зачастую низкого качества и функциональности, но имеют важное символическое значение. Они отражают социальное неравенство и служат маркером социального статуса.

Использование этого термина Пелевиным является сатирическим и критическим взглядом на современные тенденции потребительства и классовое разделение. В романе такие детали помогают создать контекст мира будущего, где технологии и социальные структуры продолжают углублять разрыв между разными слоями общества.

*** Термин "*баночный мозг*" отсылает к философской концепции "мозга в бочке" (brain in a vat), которая обсуждается в контексте теории познания и реальности. Это гипотетическая ситуация, в которой мозг поддерживается живым вне тела и подключен к компьютеру, который обеспечивает ему полностью искусственную стимуляцию, создавая иллюзию реального мира.

В контексте романа "Transhumanism Inc." "баночный мозг" может обозначать такие концепции, как виртуальная реальность, симуляция сознания или искусственный интеллект, в котором сознание или его симуляция существует отдельно от физического тела. Это поднимает вопросы о природе сознания, реальности и идентичности в мире высоких технологий и трансгуманизма, где границы между физическим и цифровым, реальным и искусственным становятся все более размытыми. В романе термин "баночный мозг" относится к специфической группе элиты, известной как иллюмонады. *Иллюмонады* представляют собой группу влиятельных и могущественных людей, чьи мозги физически отделены от их тел и содержатся в специальных банках. Эти мозги подключены к различным системам, которые поддерживают их жизнедеятельность и позволяют им функционировать и взаимодействовать с окружающим миром через цифровые интерфейсы и сети. Такое состояние позволяет иллюмонадам сохранять свою власть и контроль над обществом, несмотря на физическое отделение от их тел. Этот образ служит метафорой для обсуждения тем контроля, бессмертия, трансгуманизма и дальнейшего развития технологий, а также поднимает вопросы о том, что значит быть человеком в мире, где физическое тело становится менее значимым.

Отрывок из Романа Пелевина «Transhumanism Inc.»

Маня все еще стеснялась звонить Офе после их резкого сближения и старалась придумывать для встреч приличные поводы.

Надо было на что-то пожаловаться, но на что? Хронику терактов все смотрели и так, обсуждать это было нелепо. Спазм непонятной тоски после каббалистического анекдота был сущей мелочью. Ничего нового с ней не происходило. Она уже описывала Офе приторможенное и чуть вялое состояние, ставшее для нее нормой после того, как она допустила Гольденштерна к своему импланту. И несколько раз слышала ответы, сводящиеся к одному и тому же: смирись.

Или, как Офа формулировала сама:

— Научись с этим жить и перестанешь это замечать.

Это, конечно, было универсальным ключом ко всем человеческим проблемам. Но, как объяснила Офа, человек не хочет решать свои проблемы. Он хочет от них избавиться.

— А разве это не одно и то же?

— Нет, — сказала Офа. — Избавиться от проблем нельзя. А вот решить их обычно можно. Но рецепт почти всегда в том, чтобы научиться с ними жить. Или хотя бы согласиться мирно от них умереть.

— А если не согласишься?

— Тогда умрешь несогласной. Понимаешь, все мы едем по конвейеру, а сверху на нас падают кирпичи. Можно об этом не думать, а можно кричать и махать руками от страха. Психотерапевт учит спокойно сидеть или лежать, глубоко дышать и улыбаться. И постоянно расслаблять мышцы, потому что огромное большинство умирает не из-за кирпичей, а из-за вызванных страхом спазмов.

— У баночных тоже конвейер? — спросила Маня.

— Тоже, — сказала Офа. — Просто медленнее. И кирпичи другие.

Офа была похожа на одну хулиганку, с которой Маня дружила несколько лет назад во время южного отдыха. Это был нормальный подростковый краш, не кончившийся ничем конкретным — но он был. Значит, Офа нравилась ей из-за этого сходства? Подумав, Маня решила, что такой вопрос может стать хорошим и вполне убедительным поводом для очередной встречи.

Офа встретила ее в той же комнате с незабудками на столе и портретами крэперов на стенах. Увидев Маню, она улыбнулась и тут же принялась раздеваться, кидая свои проловские тряпки на кушетку. Мане это понравилось. Но она все же нашла в себе достаточно неискренности, чтобы задать вопрос перед тем, как началось то, за чем она на самом деле пришла.

Офа махнула рукой — мол, потом. А когда все кончилось, объяснила:

— Этот аватар отражает твой профайл, который система собирала всю твою жизнь. Поэтому я похожа на всех, кто тебе нравился. Но мой фантик всегда будет нравиться тебе больше, чем любой реальный человек. Потому что реальных людей под твой профайл не делают...

— Хорошо, — сказала Маня. — Допустим, ты просто мой профайл, переделанный в фантик. Поэтому ты нравишься мне. Но что тогда нравится прекрасному Гольденштерну?

— Все происходящее, — ответила Офа. — Ему нравится, что я тебе нравлюсь, и что я при этом твой баночный терапевт, завернутый в фантик твоего профайла, и что мы обе это понимаем и все равно занимаемся тем, чем занимаемся — а он находится в самом центре происходящего между нами, понимаешь? Он не ест что-то одно. Он ест все сразу... Он очень искушенный клиент.

Маня кивнула. Потом еще раз посмотрела на Офу.

— А какая ты на самом деле?

— Я такая, какой ты меня видишь. Потому что стала такой для тебя. Хоть, конечно, и на основе твоих данных.

— На самом деле ты розовый мозг в банке, — прошептала Маня. — Старый розовый мозг...

Она надеялась, что Офа обидится, сама она извинится — и между ними проскочит еще одна спазматическая искра страсти. Но Офа ответила по-другому.

— Ты можешь считать меня мозгом в банке, — улыбнулась она. — Но, во-первых, я не старый мозг, потому что нейроны не старятся. У них нет фиксированного срока жизни, он есть только у тела. Во-вторых, ты сама — такой же точно баночный мозг. Просто этот мозг еще глупый, а твоя банка очень дешевая, хрупкая и недолговечная, из костей и мяса. Она понемногу разрушается. Ее нельзя спрятать в безопасном хранилище — она ходит по поверхности земли в постоянных поисках пищи... вернее, разноцветных иллюмонадов. И даже эти разноцветные иллюмонады ищет не она сама, а рыночные силы в ее импланте. Твоя банка подвергается множеству опасностей и не может выбирать, какой ее увидят другие. За нее это выбирает природа и отчасти фонд «Открытый Мозг».

— Все правда, — вздохнула Маня.

— Но если ты нормально отработаешь контракт, и Прекрасный возьмет тебя на второй таер, между мной и тобой особой разницы не будет... Заходи еще, Маня. И больше не ищи причину, заходи просто так.

Но Маня от стеснительности снова стала придумывать причину — и думала целых две недели. А потом Гольденштерну в ее черепе опять стало страшно — и вместе с ним ей тоже.

https://www.forbes.ru/forbeslife/438307-ne-isi-priciny-zahodi-prosto-tak-otryvok-iz-romana-pelevina-transhumanism-inc

ЗАДАНИЕ 1. Соедините фразы с их значением.

1.	стесняться	a.	абсурдно, смешно, глупо
2.	придумать повод	b.	смущаться, робеть
3.	нелепо	c.	быть пустяком, быть мелочью, не иметь значения
4.	быть сущей мелочью	d.	найти причину, выдумать предлог
5.	сходство	e.	обертка от конфеты, упаковка
6.	фантик	f.	подобие, аналогия, схожесть
7.	хрупкий	g.	кратковременный, временный
8.	недолговечный	h.	ломкий, непрочный, деликатный

ЗАДАНИЕ 2. Ответьте на вопросы.

1) Почему Маня не могла найти повод для встречи с Офой?

a. Она не знала, о чём говорить, потому что уже жаловалась на все свои проблемы.

b. Ей не разрешили больше встречаться с Офой.

c. Она не хотела показывать свою слабость перед Офой.

2) Как Офа объясняет различие между решением проблем и избавлением от них?

a. Избавиться от проблем проще, чем решить их.

b. Решить проблемы можно, научившись с ними жить, а избавиться от них нельзя.

c. Решение проблем означает их полное устранение.

3) Почему Офа нравилась Мане?

a. Офа была доброй и всегда помогала Мане.

b. Офа напоминала Мане одну девушку из её прошлого.

c. Офа имела высокий социальный статус.

4) Что означает "баночный мозг" в контексте романа?

a. Человек, который думает только о деньгах.

b. Мозг, физически отделённый от тела и помещённый в банку.

c. Пренебрежительный термин для людей с низким интеллектом.

5) Как Офа описывает своё состояние в разговоре с Маней?

a. Она говорит, что её внешний вид отражает профиль Мани, созданный системой.

b. Она утверждает, что является реальным человеком с уникальной личностью.

c. Она называет себя искусственным интеллектом, который не зависит от данных Мани.

ЗАДАНИЕ 3. Соедините слова и фразы с их значением.

1.	убедительный повод	a.	порыв страсти
2.	спазматическая искра страсти	b.	опытный клиент

| 3. приторможенное и вялое состояние | c. веская причина, основательный довод |
| 4. искушенный клиент | d. апатичное состояние |

Глава 4.
Борис Акунин. Турецкий гамбит. *(отрывок)*

Источник: https://www.kinopoisk.ru/series/542445/?utm_referrer=www.google.com

СЛОВАРИК

- неопровержимый - irrefutable
- сотворить – to create
- пробный образец - trial sample
- эскиз - sketch
- вышивать - embroider
- священник - priest
- косность - inertia
- мягкотел - soft body
- акушерские курсы - obstetric courses
- полоумная нигилистка - crazy nihilist
- роды - childbirth
- конфуз - embarrassment
- истошные вопли - heart-rending screams
- роженица - woman in labor
- сплюснутый - flattened
- плоть - flesh
- бухнуться в обморок – to faint
- лестно – flattering
- телеграфистка - telegraph operator
- невыносимо - unbearable
- к облегчению - to relief

- имение - estate
- сосновые опилки - pine sawdust
- лоботрясничать – to loaf
- подачка - handout
- душа в душу - soul to soul
- пошлость - vulgarity
- выживший из ума - crazy
- благоговение - awe
- красноречиво - eloquently
- невинность – innocence
- предрассудок - prejudice
- буржуазная мораль - bourgeois morality
- целомудрие - chastity
- ханжество - hypocrisy
- оковы - fetter
- невразумительный - unintelligible
- крючки и пуговицы - hooks and buttons
- выбежать вон - run out

*** "*Домострой*" — это свод правил и наставлений по ведению хозяйства, семейной и общественной жизни, составленный в XVI веке в России. Он представляет собой руководство по нравственности, религиозному поведению, семейным обязанностям, воспитанию детей, экономическому управлению хозяйством и другим аспектам повседневной жизни. Основные идеи "Домостроя" включают строгое следование православной вере, патриархальные семейные устои, уважение к старшим и власти, а также моральные нормы и этические принципы того времени.

ТУРЕЦКИЙ ГАМБИТ *(отрывок)*

В четырнадцать лет на уроке Закона Божия Вареньке Суворовой пришла в голову неопровержимая в своей очевидности мысль – как только раньше никто не догадался. Если Бог сотворил Адама сначала, а Еву потом, то это свидетельствует вовсе не о том, что мужчины главнее, а о том, что женщины совершенней. Мужчина – пробный образец человека, эскиз, в то время как женщина – окончательно утвержденный вариант, исправленный и дополненный. Ведь это яснее ясного! Но вся интересная, настоящая жизнь почему-то принадлежит мужчинам, а женщины только рожают и вышивают, рожают и вышивают. Почему такая несправедливость? Потому что мужчины сильнее. Значит, надо быть сильной.

И Варенька решила, что будет жить иначе. Вот в Американских Штатах уже есть и первая женщина-врач Мери Джейкоби, и первая женщина-священник Антуанетта Блеквелл, а в России все косность и домострой. Но ничего, дайте срок.

По окончании гимназии Варя, подобно Американским Штатам, провела победоносную войну за независимость (мягкотел оказался папенька, адвокат Суворов) и поступила на акушерские курсы, тем самым превратившись из «Божьего наказания» в «полоумную нигилистку».

С курсами не сложилось. Теоретическую часть Варенька одолела без труда, хотя многое в процессе создания человеческого существа показалось ей удивительным и невероятным, но когда довелось присутствовать на настоящих родах, произошел конфуз. Не выдержав истошных воплей роженицы и ужасного вида сплюснутой младенческой головки, что лезла из истерзанной, окровавленной плоти, Варя позорно бухнулась в обморок, и после этого оставалось только уйти на телеграфные курсы. Стать одной из первых русских телеграфисток поначалу было лестно – про Варю даже написали в «Петербургских ведомостях» (номер от 28 ноября 1875 года, статья «Давно пора»), однако служба оказалась невыносимо скучной и без каких-либо видов на будущее.

И Варя, к облегчению родителей, уехала в тамбовское имение – но не бездельничать, а учить и воспитывать крестьянских детей. Там, в новенькой, пахнущей сосновыми опилками школе и познакомилась она с петербургским студентом Петей Яблоковым. Петя преподавал арифметику, географию и основы естественных наук, Варя – все прочие дисциплины. Довольно скоро до крестьян дошло, что ни платы, ни прочих каких удовольствий от хождения в школу не будет, и детей разобрали по домам (нечего лоботрясничать, работать надо), но к тому времени у Вари и Пети уже возник проект дальнейшей жизни – свободной, современной, построенной на взаимоуважении и разумном распределении обязанностей.

С унизительной зависимостью от родительских подачек было покончено. На Выборгской сняли квартиру – с мышами, но зато в три комнаты. Чтобы жить, как Вера Павловна с Лопуховым: у каждого своя территория, а третья комната – для совместных бесед и приема гостей. Хозяевам назвались мужем и женой, но сожительствовали исключительно по-товарищески: вечером читали, пили чай и разговаривали в общей гостиной, потом желали друг другу спокойной ночи и расходились по своим комнатам. Так прожили почти год, и славно прожили, вот уж воистину душа в душу, без пошлости и грязи. Петя ходил в университет и давал уроки, а Варя выучилась на стенографистку и зарабатывала до ста рублей в месяц. Вела протоколы в суде, записывала мемуары выжившего из ума генерала, покорителя Варшавы, а потом по рекомендации друзей попала стенографировать роман к Великому Писателю (обойдемся без имен, потому что закончилось некрасиво). К Великому Писателю Варя относилась с благоговением и брать плату решительно отказалась, ибо и так почитала за счастье, однако властитель дум понял ее отказ превратно. Он был ужасно старый, на шестом десятке, обремененный большим семейством и к тому же совсем некрасивый. Зато говорил красноречиво и убедительно, не поспоришь: действительно, невинность – смешной предрассудок, буржуазная мораль отвратительна, а в человеческом естестве нет ничего стыдного. Варя слушала, потом подолгу, часами советовалась с Петрушей, как быть. Петруша соглашался, что целомудрие и ханжество – оковы, навязанные женщине, но вступать с Великим Писателем в физиологические отношения решительно не советовал. Горячился, доказывал, что не такой уж он великий, хоть и с былыми заслугами, что многие передовые люди считают его реакционером. Закончилось, как уже было сказано выше, некрасиво. Однажды Великий Писатель, оборвав диктовку невероятной по силе сцены (Варя записывала со слезами на глазах), шумно задышал, зашмыгал носом, неловко обхватил русоволосую стенографистку за плечи и потащил к дивану. Какое-то время она терпела его невразумительные нашептывания и прикосновения трясущихся пальцев, которые совсем запутались в крючках и пуговках, потом вдруг отчетливо поняла – даже не поняла, а почувствовала: все это неправильно и случиться никак не может. Оттолкнула Великого Писателя, выбежала вон и больше не возвращалась.

Эта история плохо подействовала на Петю. Был март, весна началась рано, от Невы пахло простором и ледоходом, и Петя поставил ультиматум: так больше продолжаться не может, они созданы друг для друга, их отношения проверены временем. Оба живые люди, и нечего обманывать законы природы. Он, конечно, согласится на телесную любовь и без венца, но лучше пожениться по-настоящему, ибо это избавит от многих сложностей. И как-то так ловко повернул, что далее дискутировалось лишь одно – в каком браке жить – гражданском или церковном. Споры продолжались до апреля, а в апреле началась долгожданная война за освобождение славянских братьев, и Петя Яблоков как порядочный человек отправился волонтером. Перед отъездом Варя пообещала ему две вещи: что скоро даст окончательный ответ и что воевать они будут непременно вместе – уж она что-нибудь придумает.

И придумала. Не сразу, но придумала. Устроиться сестрой во временно-военный госпиталь или в походный лазарет не удалось – незаконченные акушерские курсы Варе не засчитали. Женщин-телеграфисток в действующую армию не брали. Варя совсем было впала в отчаяние, но тут из Румынии пришло письмо: Петя жаловался, что в пехоту его не пустили по причине плоскостопия, а оставили при штабе главнокомандующего, великого князя Николая Николаевича, ибо вольноопределяющийся Яблоков – математик, а в армии отчаянно не хватает шифровальщиков.

Ну уж пристроиться на какую-нибудь службу при главной квартире или, на худой конец, просто затеряться в тыловой сутолоке будет нетрудно, решила Варя и немедленно составила План, который на первых двух этапах был чудо как хорош, а на третьем завершился катастрофой.

Между тем приближалась развязка. Багровоносый хозяин буркнул что-то угрожающее и, вытирая руки серым полотенцем, вразвалочку направился к Варе, очень похожий в своей красной рубахе на подходящего к плахе палача. Стало сухо во рту и слегка затошнило. Может, прикинуться глухонемой? То есть глухонемым.

Понурый, что сидел спиной, неспешно поднялся, подошел к Вариному столу и молча сел напротив. Она увидела бледное и, несмотря на седоватые виски, очень молодое, почти мальчишеское лицо с холодными голубыми глазами, тонкими усиками, неулыбчивым ртом. Странное было лицо, совсем не такое, как у остальных крестьян, хотя одет незнакомец был так же, как они – разве что куртка поновей да рубаха почище.

На подошедшего хозяина голубоглазый даже не оглянулся, только пренебрежительно махнул, и грозный палач немедленно ретировался за стойку. Но спокойнее от этого Варе не стало. Наоборот, вот сейчас самое страшное и начнется.

Она наморщила лоб, приготовившись услышать чужую речь. Лучше не говорить, а кивать и мотать головой. Только бы не забыть – у болгар все наоборот: когда киваешь, это значит «нет», когда качаешь головой, это значит «да».

Но голубоглазый ни о чем спрашивать не стал. Удрученно вздохнул и, слегка заикаясь, сказал на чистом русском:

– Эх, м-мадемуазель, лучше дожидались бы жениха дома. Тут вам не роман Майн Рида. Скверно могло з-закончиться.

Источник: Борис Акунин. (1998). Турецкий гамбит. Издательство: Abecca Global Inc.

ЗАДАНИЕ 1. Соедините фразы с их значением.

1.	душа в душу	a.	сошедший с ума, обезумевший
2.	выживший из ума	b.	убежать из помещения
3.	выбежать вон	c.	в согласии, в гармонии
4.	к облегчению	d.	потерять сознание
5.	бухнуться в обморок	e.	к радости, к удовлетворению

| 6. | истошные вопли | f. | душераздирающие крики |

ЗАДАНИЕ 2. Ответьте на вопросы.

1) Как Варенька Суворова воспринимала создание мужчины и женщины?

a. Она считала, что мужчины важнее женщин.

b. Она считала, что женщины совершеннее мужчин.

c. Она считала, что мужчины и женщины равны.

2) Почему Варенька покинула акушерские курсы?

a. Она не справилась с теоретической частью.

b. Ей не понравилось работать с пациентами.

c. Она упала в обморок при виде родов.

3) Каким образом Варенька пыталась последовать за Петей?

a. Она попыталась устроиться телеграфисткой в действующую армию.

b. Она пыталась стать медсестрой в госпитале.

c. Она попыталась стать шифровальщицей при штабе.

ЗАДАНИЕ 3. Соедините слова и фразы с их значением.

| 1. | неопровержимый | a. | - набросок, чертеж |
| 2. | сотворить | b. | поместье, усадьба |

3.	эскиз	c.	неловкость, смущение
4.	священник	d.	создать
5.	конфуз	e.	приятно, почетно
6.	лестно	f.	вульгарность
7.	имение	g.	бездельничать, бездействовать
8.	лоботрясничать	h.	милостыня, подаяние, помощь
9.	подачка	i.	бесспорный
10.	пошлость	j.	пастор, батюшка
11.	невинность	k.	стереотип, заблуждение
12.	предрассудок	l.	лицемерие, притворство
13.	ханжество	m.	чистота, непорочность

Глава 5.

Ася Глейзер. «Отпусти меня к морю». Детство *(отрывок)*

Источник: https://www.litres.ru/book/asya-gleyzer/otpusti-menya-k-moru-48458071/

СЛОВАРИК

- окольцованный - ringed
- опекаемый - under wardship
- выпечка - bakery
- блин - crêpe
- кружево - lace
- ряженка - fermented baked milk
- ласка - endearment
- перина - feather bed
- ночник - night light
- сирень - lilac
- безумие - madness
- головокружение - dizziness
- щекотный - ticklish
- щетина - bristle
- защита - protection
- форма - uniform
- вдыхать – breathe in
- черёмуха – bird cherry
- радуга - rainbow
- лавочка - bench
- задохнуться - suffocate

- крутиться юлой – spin like a swirl
- прыгать в резинку - jump the rubber rope
- нарцисс - daffodil
- трепетать - tremble
- невыносимо - unbearable

ДЕТСТВО *(отрывок)*

Когда ты ребенок, еще не свободный, окольцованный и опекаемый любимыми, родными на звук и на запах, бабушками, которые пахнут утренней выпечкой и блинами из кружева. Ряженкой, лаской, периной, спокойствием, тихими под ночником разговорами…

Младшей сестрой, которая пахнет сиренью, и маем, и теплым весенним двором, и смехом, и счастьем, простым до безумия. Ночью сирень наломаем с ней и в ванной разложим. То все утром удивятся за завтраком. Ставим и в банки, и в вазы, и в бутылки. Запах и счастье. Уставшие спать…

А может быть папой, с табачно-коньячным, крепким и вкусным до головокружения, с щекотной щетиной, до счастья в коленках. И пахнет закатом, защитой и силой.

А может быть Светкой, подружкой по классу, она карамельная и на вид, и на запах. Все время жует карамельки, без остановки, а когда надоест, то просто кидает ее в карман формы. Потом достанет, обмоет под краном – и в рот. И кудряшки под цвет. Карамельная девочка Света.

А он… Он на запах герой из романов, из Грина, Шекспира и чуть-чуть из Есенина. Я закрываю глаза и вдыхаю просто ту улицу, по которой он ходит. Город мой, шумный, с сиренью, черемухой, мытый дождями, украшенный радугой, город мой тоже пропах им. Лавочки, космос и прошлое с будущим, парк, и пруды, и мои два крыла. Я так вдыхаю его, что боюсь задохнуться. Птицами вольными, небом и чем-то таким в животе. Искрами, что ли? Или конфетти? Красные галстуки, книги, экзамены, хочется петь и крутиться юлой, а учиться никак. Хочется петь Пугачеву, а не соловушку. Хочется прыгать в резинку до вечера, ждать, что пройдет он, а я на десяточке.

Легкая-легкая, прям невесомая…

Прямо до неба, до солнца, до облака…

Вечер мой пахнет нарциссами желтыми, их Маргарита несла у Булгакова. Я засыпаю, мои конфетти в животе, тихонько трепещут. Как там у взрослых?

«Господи, дай замереть в этой точке. В этой весне и с сиреневым запахом. Дай не забыть мне все эти прекрасные, невыносимо прекрасные дни»…

Источник: Отрывок из книги Аси Глейзер «Отпусти меня к морю». «Эксмо», 2019

ЗАДАНИЕ 1. Соедините фразы с их значением.

1.	простой до безумия	a.	очень вкусный
2.	вкусный до головокружения	b.	очень приятные дни
3.	невыносимо прекрасные дни	c.	очень простой

ЗАДАНИЕ 2. Ответьте на вопросы.

1) Какие запахи ассоциируются у девочки с папой?

a. Сигареты и коньяк

b. Сахарная вата и лимонад

c. Свежескошенная трава и сирень

2) Каким запахом пахнет вечер героини?

a. розами

b. нарциссами

c. жасмином

3) **Какая просьба к Господу выражена в конце текста?**

a. Дать ей замереть в этом моменте и не забыть эти дни

b. Дать ей новые впечатления и эмоции

ЗАДАНИЕ 3. Соедините слова и фразы с их значением.

1.	выпечка	a.	ночная лампа, светильник
2.	ласка	b.	дрожать
3.	перина	c.	скамейка
4.	ночник	d.	нежность, умиление, забота
5.	лавочка	e.	хлебобулочные изделия
6.	нарцисс	f.	разноцветная дуга на небе после дождя
7.	трепетать	g.	нестерпимо
8.	невыносимо	h.	жёлтый цветок
9.	радуга	i.	мягкая постель

Глава 6.

Дарья Донцова. Темные предки светлой детки. *(отрывок)*

СЛОВАРИК

- перчатка - glove
- юноша - young man
- объява (объявление) - announcement
- шутить - tell jokes
- соответствовать – to correspond
- ликовать - exult
- лавка - shop
- варежки - mittens
- хихикать - giggle
- домработница - housekeeper
- заодно - at the same time
- отвлекать - distract
- пачка - pack
- мопс - pug-dog
- одолжение - favor
- приподняться - rise up
- согнать собаку - drive the dog away
- в голову никогда не придёт - never comes to mind
- занудство - tediousness
- чистоплотный - neat
- начисто - completely

- чушь - nonsense
- быть в раздумьях - be in thought
- эмблема - emblem
- отдел специй - spice department
- приправа - seasoning
- кинуться со всех ног - rush as fast as you can
- изумиться - be amazed
- собеседник - companion
- принять соломоново решение - make a Solomon decision
- приуныть - lose heart
- усомниться - doubt
- кошелёк - wallet
- целостность - integrity
- рысь - lynx
- порысить - break into a run
- улики - evidence
- полевой агент - field agent
- оперативник - operative
- спит и видит – dreams of
- мавзолей - mausoleum
- змеиться - serpentinize
- земной шар - Earth
- довольствоваться ролью - be content with the role

Темные предки светлой детки. Глава первая

«Если вы купите у нас перчатку на правую руку, то такую же на левую руку получите бесплатно».

Я прочитала объявление раза три, прежде чем поняла его смысл, и рассмеялась. Из магазина вышел парень.

– Заходите, у нас хороший выбор, и цены приятные.

– С чувством юмора у вас тоже порядок, – отметила я.

Юноша заулыбался.

– Кое-кто воспринимает объяву всерьез.

– В подобное трудно поверить, – сказала я и тут же услышала женский голос:

– Вы продавец?

– Да, – ответил мой собеседник.

Я обернулась и увидела симпатичную девушку в красном брючном костюме.

– На левую руку дадите перчатку по моему выбору? Или у вас только какая-то одна модель? – продолжила она.

Я уставилась на незнакомку. Ну нет, таких глупышек не встретить: она шутит.

– Левая будет соответствовать правой, – пообещал торговец.

– Супер, – заликовала покупательница и кинулась в лавку.

Парень поспешил за ней, на пороге он обернулся и произнес:

– А вы не верили! Вчера одна женщина поинтересовалась: «А варежки можно? Если я приобрету две пары, то левую рукавичку дадут в подарок к двум или только к одной?»

Тихо хихикая, юноша исчез в магазине. Я двинулась к машине, и тут мне на телефон прилетело сообщение от Нины, няни Дунечки, а заодно и нашей домработницы: «Уважаемая Дарья, прошу простить меня за то, что отвлекаю вас. Если вы еще не ушли из торгового центра, то купите пару пачек «Бни борзой». Марина очень просила». Я задумалась. Нина слишком хорошо воспитана, на днях она сказала нашему мопсу: «Дорогой Хуч, извините, что мешаю вам отдыхать, но мне нужна шаль, на которой вы лежите. Сделайте одолжение, приподнимитесь, я ее возьму».

Просто согнать собаку Нине в голову никогда не придет. В придачу к вежливости няня аккуратна до занудства, маниакально чистоплотна, и у нее начисто отсутствует чувство юмора.

Когда Нина появилась в нашем доме, члены семьи начали ее разыгрывать, но потом забросили это занятие, потому что Нинуша верит в любую чушь, которую ей говорят. И сейчас я в раздумьях: Марина решила подшутить над няней, поэтому попросила отправить хозяйке эсэмэску о покупке странной вещи «Бня борзая»? Или эта Бня – некий экзотический продукт, о котором жена Дегтярева, гениальная кулинарка, знает, а я, не способная даже макароны отварить, и не слышала.

В конце концов я позвонила Манюне и услышала:

– Абонент недоступен.

Вздохнув, я пошла в супермаркет и остановила девушку в куртке с эмблемой «Еда для всех».

– Скажите, где можно купить нечто под названием «Бня борзая»?

Задав вопрос, я подумала, что сотрудница супермаркета или рассмеется, или решит, что перед ней сумасшедшая, но та ответила:

– Посмотрите в отделе специй.

Я заморгала.

– «Бня борзая» – это приправа?

Сотрудница супермаркета очаровательно улыбнулась.

– Да, да, именно так!

Испытывая глубокое удивление, я добралась до отдела специй и приуныла. Я очутилась в большом помещении, стены его от пола до потолка были заполнены полками с баночками, пакетиками, коробочками. И где тут «Бню борзую» искать? Потом я заметила молодого человека с бейджиком «Виктор, ваш консультант» и кинулась к нему со всех ног.

– Бня борзая, – повторил паренек и включил компьютер. – Вам какую?

– Они что, разные? – изумилась я.

– Конечно, – пустился в объяснения менеджер, – у них разный способ обжарки: африканский, турецкий, китайский, вьетнамский.

– Какая Бня лучше? – уточнила я.

– Смотря для чего? – задал свой вопрос собеседник.

Это был нокаут. Я понятия не имела, что с приправой собралась делать Марина, и приняла соломоново решение.

– Возьму по одной каждой.

– К сожалению, товар для нас новый, – приуныл юноша.

Я спросила:

– И что?

Виктор развел руками.

– В наличии только африканская.

– Беру! – воскликнула я.

– Бня продается в пакете, на развес не идет.

– Прекрасно, мне одну штуку, – решила я.

– В данный момент на складе ее нет, – заявил парень.

– А зачем тогда вы так долго выясняли, что мне надо? – удивилась я. – Лучше бы сразу сказали, что товар отсутствует.

– Программа тупая, – пожаловался Виктор, – сначала надо ввести заказ, оформить его, и только потом тебе скажут, есть ли нужный товар. Не расстраивайтесь, привезем приправу вам на дом.

– Отлично, – обрадовалась я и тут же усомнилась: – Доставят один пакет?

– Конечно, – заверил Виктор, – у нас все для вас. Закажете пучок укропа? Мы его вам притащим. Давайте адрес.

– Поселок Ложкино… – начала я.

– Так он тут совсем рядом, – обрадовался парень и, увидев, что я достала кошелек, добавил: – Оплата при получении. Внимательно проверяйте целостность упаковки. Чаевые курьеру необязательны, но они приветствуются.

Восхищенная сервисом, я пошла к машине и услышала писк телефона. Меня разыскивал Собачкин.

– Ты где? – спросил он.

– В супермаркете, – отчиталась я, – вернусь домой минут через десять.

– Давай не задерживайся, – велел приятель, – у нас клиент!

Я обрадовалась.

– Отличная новость, мы давно сидим без работы.

В прекрасном настроении я порысила на парковку. Почему Дегтярев, который всю жизнь не любил частных сыщиков, стал владельцем детективного агентства, и по какой причине оно носит идиотское название «Тюх-Плаза», я уже рассказывала и повторяться не хочу. Сообщу лишь, что клиенты к нам не спешат. Александр Михайлович регулярно придумывает всякие рекламные акции, но до сих пор они успеха не принесли. Толстяк постоянно недоволен тем, как идут дела. Я же понимаю, что штат агентства невелик, нас всего пять человек: Дегтярев,

Собачкин, Кузя, я и эксперт Леня. Чем занимается последний, понятно. Леонид изучает разные улики, а еще у него масса знакомых и приятелей во всяких лабораториях и научных центрах. Кузя – компьютерный гений. Мы с Сеней два полевых агента или оперативника, называйте, как хотите. Полковник осуществляет общее руководство и, когда надо, использует свои связи. Ну и каким образом столь малочисленному составу справиться с большим объемом работы? Я вполне довольна своей службой. А вот Дегтярев спит и видит многоэтажный офис на территории Кремля, очередь клиентов, которая пять раз опоясывает мавзолей и змеится до Тверской. Александр Михайлович мечтает руководить самым крупным детективным агентством земного шара. Но пока ему приходится довольствоваться ролью скромного, почти деревенского сыщика.

Я подъехала к дому и поспешила в гостевой домик.

Источник: Д. А. Донцова. «Темные предки светлой детки». Издательство «Эксмо» 2020.

ЗАДАНИЕ 1. Соедините фразы с их значением.

1.	в голову никогда не придёт	a.	принять мудрое решение, поступить благоразумно
2.	быть в раздумьях	b.	даже не подумает, не осмелится
3.	принять соломоново решение	c.	задуматься, сомневаться
4.	спит и видит	d.	броситься бегом, побежать
5.	кинуться со всех ног	e.	мечтает, грезит

ЗАДАНИЕ 2. Ответьте на вопросы.

1). Какое объявление заставило героиню рассмеяться?

a. "Если вы купите у нас перчатку на правую руку, то такую же на левую руку получите бесплатно."

b. "Купите одну перчатку, получите вторую бесплатно."

c. "При покупке перчаток скидка 50%."

2). Что попросила няня Нина купить в магазине?

a. Пачку чипсов

b. Пакет молока

b. Пару пачек "Бни борзой"

3). Как героиня отреагировала на просьбу Нины?

a. Решила, что это может быть шутка.

b. Сразу пошла в магазин и купила товар.

c. Позвонила в магазин, чтобы уточнить наличие.

4). Какое название носит детективное агентство, в котором работает героиня?

a. «Тюх-Плаза».

b. «Триумф-Детектив».

c. «Ложкинские Сыщики».

ЗАДАНИЕ 3. Соедините слова и фразы с их значением.

1.	юноша	a.	подходить, совпадать
2.	соответствовать	b.	посмеиваться, тихо смеяться
3.	ликовать	c.	услуга, любезность
4.	хихикать	d.	аккуратный, опрятный
5.	отвлекать	e.	парень, молодой человек
6.	одолжение	f.	радоваться, торжествовать
7.	чистоплотный	g.	мешать
8.	чушь	h.	планета, мир
9.	приуныть	i.	портмоне, бумажник
10.	улики	j.	загрустить, опечалиться
11.	земной шар	k.	доказательства, свидетельства
12.	кошелёк	l.	бред, ерунда

Глава 7.
Виктор Астафьев. Васюткино озеро. *(отрывок)*

Источник https://www.litres.ru/book/viktor-astafev/luchshie-rasskazy-dlya-detey-11286209/

СЛОВАРИК

- тайга - taiga
- без конца и края - with no end in sight
- равнодушный - indifferent
- обрываться - break off
- тянуться - stretch
- прижиматься - snuggle
- гуще - thicker
- проём - opening
- вата - cotton wool
- растворяться - dissolve
- отыскивать глазами - search with your eyes
- лиственник - larch
- хвойник - ephedra
- угрюмый - sullen
- тоска - yearning
- отчаяние - despair
- заблудиться - lose way
- прогреметь - thunder
- невесомо - weightless
- кедровая шишка - pine cone
- мох - moss
- краюшка хлеба - crust of bread
- патроны - cartridges
- тундра - tundra
- едва - barely
- наткнуться - stumble across
- загораживать - block
- разбушеваться - go wild
- закат - sunset

- прибавить шагу - increase your pace
- тощий - skinny
- стебли травы - grass stems
- былинки - blades of grass
- пучки - bunches
- берёза - birch
- осина - aspen
- черёмушник - bird cherry
- ползучий тальник - creeping willow
- смородинник - currant
- жалить - sting
- крапива - nettle
- треск - crackle
- меж - between
- мелькнуть - flash
- просвет - clearance
- вязнуть - get stuck
- болото - swamp
- ряска - duckweed
- навзрыд - sobbing
- натаскать дров – bring wood
- развести огонь - make a fire
- обжаривать - fry
- заросли - thickets
- отблески заката - sunset reflections
- синичка - titmouse
- сойка - jay
- гагара - loon
- мыс - cape
- осока - sedge

- жабры - gills
- копошиться - putter around
- водоросли - seaweed
- щука - pike
- сорога - Siberian roach
- окунь - perch
- пелядь - northern whitefish
- чир - round-nosed whitefish
- сиг - common Whitefish
- плавник - fin
- табун - herd
- свиязь - wigeon
- опрокинуться кверху брюшками - turn belly up
- оттопырить - bulge
- раскалённый - hot
- слюна - saliva
- ощипать - deplume
- щёлкать орехи - crack nuts
- стыть - freeze
- раскаяние - remorse
- телогрейка - padded jacket
- клейкий - sticky
- шлепок - splash
- поёжиться - squirm
- веки - eyelids
- тягучий - viscous
- дремота - nap

ВАСЮТКИНО ОЗЕРО (отрывок)

Тайга... Тайга... Без конца и края тянулась она во все стороны, молчаливая, равнодушная. С высоты она казалась огромным тёмным морем. Небо не обрывалось сразу, как это бывает в горах, а тянулось далеко-далеко, всё ближе прижимаясь к вершинам леса. Облака над головой были редкие, но чем дольше смотрел Васютка, тем они делались гуще, и наконец голубые проёмы исчезли совсем. Облака спрессованной ватой ложились на тайгу, и она растворялась в них.

Долго Васютка отыскивал глазами жёлтую полоску лиственника среди неподвижного зелёного моря (лиственный лес обычно тянется по берегам реки), но кругом темнел сплошной хвойник. Видно, Енисей и тот затерялся в глухой, угрюмой тайге. Маленьким-маленьким почувствовал себя Васютка и закричал с тоской и отчаянием:

– Э-эй, мамка! Папка! Дедушка! Заблудился я!..

Голос его пролетел немного над тайгой и упал невесомо – кедровой шишкой в мох.

Медленно спустился Васютка с дерева, задумался да так и просидел с полчаса. Потом встряхнулся, отрезал мяса и, стараясь не смотреть на маленькую краюшку хлеба, принялся жевать. Подкрепившись, он собрал кучу кедровых шишек, размял их и стал насыпать в карманы орехи. Руки делали своё дело, а в голове решался вопрос, один-единственный вопрос:

«Куда идти?» Вот уж и карманы полны орехов, патроны проверены, к мешку вместо лямки приделан ремень, а вопрос всё ещё не решён.

Наконец Васютка забросил мешок за плечо, постоял с минуту, как бы прощаясь с обжитым местом, и пошёл строго на север. Рассудил он просто: в южную сторону тайга тянется на тысячи километров, в ней вовсе затеряешься. А если идти на север, то километров через сто лес кончится, начнётся тундра. Васютка понимал, что выйти в тундру – это ещё не спасение.

Поселения там очень редки, и едва ли скоро наткнёшься на людей. Но ему хотя бы выбраться из лесу, который загораживает свет и давит своей угрюмостью.

Погода держалась всё ещё хорошая. Васютка боялся и подумать о том, что с ним будет, если разбушуется осень. По всем признакам ждать этого осталось недолго.

Солнце пошло на закат, когда Васютка заметил среди однообразного мха тощие стебли травы. Он прибавил шагу. Трава стала попадаться чаще и уже не отдельными былинками, а пучками. Васютка заволновался: трава растёт обычно вблизи больших водоёмов.

«Неужели впереди Енисей?» – с наплывающей радостью думал Васютка. Заметив меж хвойных деревьев берёзки, осинки, а дальше мелкий кустарник, он не сдержался, побежал и скоро ворвался в густые заросли черёмушника, ползучего тальника, смородинника. Лицо и руки жалила высокая крапива, но Васютка не обращал на это внимания и, защищая рукой глаза от гибких ветвей, с треском продирался вперёд. Меж кустов мелькнул просвет.

Впереди берег… Вода! Не веря своим глазам, Васютка остановился. Так он простоял некоторое время и почувствовал, что ноги его вязнут. Болото! Болота чаще всего бывают у берегов озёр. Губы Васютки задрожали: «Нет, неправда! Бывают болота возле Енисея тоже».

Несколько прыжков через чащу, крапиву, кусты – и вот он на берегу.

Нет, это не Енисей. Перед глазами Васютки небольшое унылое озеро, подёрнутое у берега ряской.

Васютка лёг на живот, отгрёб рукою зелёную кашицу ряски и жадно припал губами к воде. Потом он сел, усталым движением снял мешок, начал было вытирать кепкой лицо и вдруг, вцепившись в неё зубами, навзрыд расплакался.

…Заночевать решил Васютка на берегу озера. Он выбрал посуше место, натаскал дров, развёл огонь. С огоньком всегда веселее, а в одиночестве тем более. Обжарив в костре шишки, Васютка одну за другой выкатал их из золы палочкой, как печёную картошку. От орехов уже болел язык, но он решил: пока хватит терпения, не трогать хлеб, а питаться орехами, мясом, чем придётся.

Опускался вечер. Сквозь густые прибрежные заросли на воду падали отблески заката, тянулись живыми струями в глубину и терялись там, не достигая дна.

Прощаясь с днём, кое-где с грустью тинькали синички, плакала сойка, стонали гагары. И всё-таки у озера было куда веселее, чем в гуще тайги. Но здесь ещё сохранилось много комаров.

Они начали донимать Васютку. Отмахиваясь от них, мальчик внимательно следил за ныряющими на озере утками. Они были совсем не пуганы и плавали возле самого берега с хозяйским покрякиванием. Уток было множество. Стрелять по одной не было никакого расчёта.

Васютка, прихватив ружьё, отправился на мысок, вдававшийся в озеро, и сел на траву.

Рядом с осокой, на гладкой поверхности воды, то и дело расплывались круги. Это привлекло внимание мальчика. Васютка взглянул в воду и замер: около травы, плотно, одна к другой, пошевеливая жабрами и хвостами, копошились рыбы. Рыбы было так много, что

Васютку взяло сомнение: «Водоросли, наверно?» Он потрогал траву палкой. Косячки рыбы подались от берега и снова остановились, лениво работая плавниками.

Столько рыбы Васютка ещё никогда не видел. И не просто какой-нибудь озёрной рыбы – щуки там, сороги или окуня, – нет, по широким спинам и белым бокам он узнал пелядей, чиров, сигов. Это было удивительнее всего. В озере – белая рыба!

Васютка сдвинул густые брови, силясь что-то припомнить. Но в этот момент табун уток свиязей отвлёк его от размышлений. Он подождал, пока утки поравняются с мысом, выделил пару и выстрелил. Две нарядные свиязи опрокинулись кверху брюшками и часто-часто задвигали лапками. Ещё одна утка, оттопырив крыло, боком уплывала от берега. Остальные всполошились и с шумом полетели на другую сторону озера. Минут десять над водой носились табуны перепуганных птиц.

Пару подбитых уток мальчик достал длинной палкой, а третья успела уплыть далеко.

– Ладно, завтра достану, – махнул рукой Васютка.

Небо уже потемнело, в лес опускались сумерки. Середина озера напоминала сейчас раскалённую печку. Казалось, положи на гладкую поверхность воды ломтики картошки, они мигом испекутся, запахнет горелым и вкусным. Васютка проглотил слюну, ещё раз поглядел на озеро, на кровянистое небо и с тревогой проговорил:

– Ветер завтра будет. А вдруг ещё с дождём?

Он ощипал уток, зарыл их в горячие угли костра, лёг на пихтовые ветки и начал щёлкать орехи.

Заря догорела. В потемневшем небе стыли редкие неподвижные облака. Начали прорезаться звёзды. Показался маленький, похожий на ноготок, месяц. Стало светлее.

Васютка вспомнил слова дедушки: «Вызвездило – к холоду!» – и на душе у него сделалось ещё тревожнее.

Чтобы отогнать худые мысли, Васютка старался думать сначала о доме, а потом ему вспомнилась школа, товарищи.

Васютка дальше Енисея ещё нигде не бывал и видел только один город – Игарку.

А много ли в жизни хотелось узнать и увидеть Васютке? Много. Узнает ли? Выберется ли из тайги? Затерялся в ней точно песчинка. А что теперь дома? Там, за тайгой, люди словно в другом мире: смотрят кино, едят хлеб… может, даже конфеты. Едят сколько угодно. В школе сейчас, наверное, готовятся встречать учеников. Над школьными дверями уже вывешен новый плакат, на котором крупно написано: «Добро пожаловать!»

Совсем приуныл Васютка. Жалко ему самого себя стало, начало донимать раскаяние. Не слушал вот он на уроках и в перемену чуть не на голове ходил… В школу съезжаются ребята со всей округи: тут и эвенки, тут и ненцы, и нганасаны. У них свои привычки. Бывало, достанет кто-нибудь из них на уроке трубку и без лишних рассуждений закуривает.

Особенно грешат этим малыши-первоклассники. Они только что из тайги и никакой дисциплины не понимают. Станет учительница Ольга Фёдоровна толковать такому ученику насчёт вредности курева – он обижается; трубку отберут – ревёт. Сам Васютка покуривал и им табачок давал.

– Эх, сейчас бы Ольгу Фёдоровну увидеть… – думал Васютка вслух. – Весь бы табак вытряхнул.

Устал Васютка за день, но сон не шёл. Он подбросил в костёр дров, снова лёг на спину.

Облака исчезли. Далёкие и таинственные, перемигивались звёзды, словно звали куда-то. Вот одна из них ринулась вниз, прочертила тёмное небо и тут же растаяла. «Погасла звёздочка – значит, жизнь чья-то оборвалась», – вспомнил Васютка слова дедушки Афанасия.

Совсем горько стало Васютке.

«Может быть, увидели её наши?» – подумал он, натягивая на лицо телогрейку, и вскоре забылся беспокойным сном.

Проснулся Васютка поздно, от холода, и не увидел ни озера, ни неба, ни кустов. Опять кругом был клейкий, неподвижный туман. Только слышались с озера громкие и частые шлепки: это играла и кормилась рыба.

Васютка встал, поёжился, раскопал уток, раздул угольки. Когда костёр разгорелся, он погрел спину, потом отрезал кусочек хлеба, взял одну утку и принялся торопливо есть.

Мысль, которая вчера вечером беспокоила Васютку, снова полезла в голову: «Откуда в озере столько белой рыбы?» Он не раз слышал от рыбаков, что в некоторых озёрах будто бы водится белая рыба, но озёра эти должны быть или были когда-то проточными. «А что, если?..»

Да, если озеро проточное и из него вытекает речка, она в конце концов приведёт его к Енисею. Нет, лучше не думать. Вчера вон обрадовался – Енисей, Енисей, – а увидел шиш болотный. Не-ет, уж лучше не думать.

Покончив с уткой, Васютка ещё полежал у огня, пережидая, когда уляжется туман. Веки склеивались. Но и сквозь тягучую, унылую дремоту пробивалось: «Откуда всё же взялась в озере речная рыба?»

Источник: В.П. Астафьев. (2018). «Васюткино озеро. Рассказы для детей». «Издательство АСТ».

ЗАДАНИЕ 1. Соедините фразы с их значением.

1.	натаскать дров	a.	пойти быстрее
2.	развести огонь	b.	не ожидается финала, конца
3.	прибавить шагу	c.	принести дров
4.	без конца и края	d.	организовать, начать огонь

ЗАДАНИЕ 2. Ответьте на вопросы.

1) Почему Васютка решил идти на север?

a. Он знал, что там будет легче найти людей.

b. Тайга тянулась на тысячи километров к югу.

c. Он хотел увидеть Енисей.

2) Как Васютка понял, что впереди может быть водоём?

a. Он увидел облака, которые спускались к земле.

b. Он заметил тощие стебли травы и кустарники.

c. Он услышал звуки воды.

3) Почему Васютка решил заночевать на берегу озера?

a. Он надеялся найти лодку.

b. У озера было лучше, чем в тайге.

c. Он хотел ловить рыбу ночью.

4) Что привлекло внимание Васютки в воде около травы?

a. Крупная рыба.

b. Косяки белой рыбы.

c. Водоросли.

5) **Почему Васютка усомнился в своих предположениях о происхождении белой рыбы в озере?**

a. Он не был уверен, что озеро проточное.

b. Он не видел речек, вытекающих из озера.

c. Он вспомнил, что белая рыба водится только в реках.

ЗАДАНИЕ 3. Вставьте предлоги по смыслу.

Заночевать решил Васютка ………. берегу озера. Он выбрал посуше место, натаскал дров, развёл огонь. С огоньком всегда веселее, а ………. одиночестве тем более. Обжарив в костре шишки, Васютка одну ………. другой выкатал их из золы палочкой, как печёную картошку. ………. орехов уже болел язык, но он решил: пока хватит терпения, не трогать хлеб, а питаться орехами, мясом, чем придётся.

Опускался вечер. Сквозь густые прибрежные заросли ………. воду падали отблески заката, тянулись живыми струями в глубину и терялись там, не достигая дна.

Прощаясь с днём, кое-где ………. грустью тинькали синички, плакала сойка, стонали гагары. И всё-таки ………. озера было куда веселее, чем в гуще тайги. Но здесь ещё сохранилось много комаров.

Аудио материалы к учебному пособию

https://drive.google.com/drive/folders/1PbS9a9F5F9fih3fYgqEd9Px1KaFBnnmm?usp=drive_link

Copyright © 2024 by Eleonora Kirpichnikova

All rights reserved.

Title: ADVANCED RUSSIAN READING AND COMPREHENSION: SHORT STORIES: part 2

Author: Eleonora Kirpichnikova

2024

ISBN: 978-1-969191-19-0

Учебное издание

Кирпичникова Элеонора

ADVANCED RUSSIAN READING AND COMPREHENSION: SHORT STORIES part 2

Учебное пособие по русскому языку для студентов, изучающих русский язык. Продвинутый уровень.

Наши сайты:

Tesoro Language Center www.tesorolc.com

Interesting Russian www.interestingrussian.com

www.ingramcontent.com/pod-product-compliance
Lightning Source LLC
Chambersburg PA
CBHW061754290426
44108CB00029B/2989